# 예수님 책

그가 오신 이유

### All You Want For Christmas

Originally published in English as ***All You Want For Christmas*** by David Platt
Copyright ⓒ 2025 by David Platt

Published by arrangement with 10Publishing, Unit C. Tomlinson Road, Leyland, PR 25 2DY, England, UK, a divison of 10ofthose.com through rMaeng2, Seoul, Republic of Korea.
All rights reserved.

This Korean translation edition Copyright ⓒ 2025 by Cloudstays Books, 302, 40-63, Gangnam-daero 8-gil, Seocho-gu, Seoul, Republic of Korea.

이 한국어판의 저작권은 알맹2를 통하여 10Publishing과 독점 계약한
**구름이 머무는 동안**에 있습니다.

# 예수님 책

NOT TO BE SERVED

그가 오신 이유

BUT TO SERVE

DAVID PLATT

구름이 머무는 동안

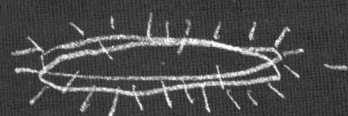

우리의 영혼을 위해,
종이 되신 분을 아직 모르는 이들에게

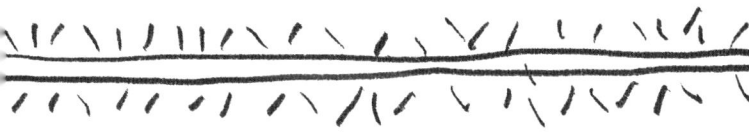

### 〈일러두기〉

1. 이 책에 인용된 모든 성경 구절은 개역개정판을 사용하였습니다.
2. 교회 소그룹이나 가족 모임에서 함께 읽고 나누어 보세요.
   특히 아직 예수님을 알지 못하는 친구나 가족이 있다면,
   그들에게 복음을 전하는 따뜻한 선물이 될 것입니다.
3. 각 장의 끝에는 관련 성경 구절이 실려 있습니다. 책을 읽으며 함께 묵상하면,
   말씀 속에서 더 깊은 은혜를 누릴 수 있습니다.

인자가 온 것은 섬김을 받으려 함이 아니라
도리어 섬기려 하고 자기 목숨을 많은 사람의
대속물로 주려 함이니라.

마가복음 10:45

# 차례

Prologue. 예수님이 오신 이유 ... 13

PART 1. 산 위에서 산 아래로 ... 21
PART 2. 죽기 위해 태어나다 ... 37
PART 3. 위대함에 대한 새로운 정의 ... 53
PART 4. 종교에 대한 모든 상식을 버리다 ... 65

Epilogue. 우리에게 가장 필요한 것 ... 81

# Prologue. 예수님이 오신 이유

WHY DID JESUS COME?

# 예수님이 오신 이유

지금 당신이 가장 원하는 선물은 무엇인가? 이 질문에 대한 답은 참 다양할 것이다. 특히 여섯 아이(2세에서 18세까지)를 키우는 우리 집에서는 아이마다 원하는 것이 다르고, 선물에 드는 비용 차이도 꽤 크다. 두 살배기 아이가 갖고 싶어 하는 자동차와 열여덟 살 아이가 갖고 싶어 하는 자동차를 비교해 보면 그 차이를 실감할 수 있다.

  이 책을 읽는 독자들은 과연 어떤 답을 할까? 이 시간 이 질문에 조용히 답해 보기를 권한다. '만약 지금 당신의 삶에서 가장 필요한 것을 받을 수 있다면,

그것은 무엇인가?'

처음에는 구체적인 물건이 떠오를지도 모른다. 하지만 조금만 더 깊이 생각해 보자.

어쩌면 선물의 종류가 아니라, 우리 마음속의 갈망이 무엇인지 묻는 질문일 수도 있다. 나 역시 그 질문 앞에서 한동안 멈춰 서 있었다.

나는 지난 몇 년간 꽤 힘든 시간을 보냈다. 개인적인 일이나 가족의 일, 그리고 사역에서도 그랬다. 그래서 이 질문을 들었을 때 가장 먼저 떠오른 것은 '휴식'이었다. 마음의 평안도, 다시 일어설 힘도 간절히 필요했다. 또 사랑하는 이들의 상처가 치유되기를, 그리고 터널 끝에서 다시 빛을 보기를 바랐다.

나만 그런 것은 아닐 것이다. 우리 모두의 마음 깊은 곳에는 꼭 필요하고 채워지기를 바라는 무언가가 있다.

솔직히,

누군가가

우리에게 무엇이

가장 필요한지 묻고 그것을 채워

준다면 싫어할 사람은 아무도 없을 것이다.

그런데 예수님이 이 땅에 오신 이유가 바로 그것이다. 우리가 가장 원하고, 가장 필요로 하는 것을 주시기 위해서.

이 말이 조금 낯설게 들릴지도 모른다. 2천 년 전 베들레헴의 마구간에서 예수님이 천사와 목자들에 둘러싸여 태어나신 사건은 21세기를 사는 우리의 현실과는 너무 멀게 느껴지니까.

이 사회는 화려한 광고가 도시를 덮고, 거리는 반짝여서, 누추한 마구간과 따뜻한 숨결로 채워진 그 고요한 밤은 우리에게 낯선 장면이다.

그러다 보니 예수님의 탄생 소식을 믿지 않을 수도 있고, 그 사실이 내 삶과는 별로 상관없다고 느낄 수도 있다. 그래도 잠시 마음의 문을 열고 이 책을 읽어 주기를 바란다. 이 짧은 책에서, 나는 예수님이 이 땅에 오신 네 가지 이유를 함께 나누려고 한다. 하나님은 우리의 것을 빼앗는 분이 아니다. 오히려 우리를 사랑하셔서 자신의 것을 내어 주시는 분이다.

만약 예수님이 오신 이유가 하나님이 우리를 위해 일하기 위함이라면, 하나님이 우리 마음 깊은 곳의 갈망과 필요를 채우기 위함이라면, 우리는 무엇을 기대할 수 있을까. 예수님이 이 땅에 오신 의미를 천천히 떠올려 보라. 그 의미는 오늘만이 아니라, 우리의 모든 날, 그리고 영원히 이어질 것이다.

예수님이 오신 이유

# PART 1. 산 위에서 산 아래로

TO BE WITH YOU

"… 인자가 온 것은 …"

# 산 위에서 산 아래로

동남아시아 한 사원에서 있었던 일이다. 나는 사원 한쪽, 푸른 잔디밭에 놓인 탁자에 앉아, 근처에 우뚝 선 여러 층의 갈색 불탑을 바라보고 있었다. 내 옆에는 두 명의 종교 지도자가 함께 앉아 있었는데, 한 사람은 불교도였고 다른 한 사람은 힌두교도였다.

처음에 우리는 서로 알아가는 시간을 가졌다. 각자의 삶과 가족 이야기를 나누며 자연스럽게 마음이 열렸다. 그러다 어느새 대화는 신앙 이야기로 이어졌고, 서로의 공통점에 대해서도 이야기하게 되었다. 다른 사람을 사랑하고 존중해야 한다는 것, 모든 사람의 선을 위해 일해야 한다는 것 같은 가치들이었다. 그러던 중, 한 사람이 이렇게 말했다.

"사소한 문제들에 대해서는 견해 차이가 있을 수 있지만, 정말 중요한 문제에 있어서는 모든 종교가 결국 같은 답을 내놓게 됩니다."

그 말에 다른 종교 지도자도 미소를 지으며 고개를 끄덕였다. 잠시 고요가 흐른 뒤, 그들은 내 생각을 물었다. 나는 잠시 생각에 잠겼다가 조심스럽게 입을 열었다.

"두 분의 말씀을 들으니, 하나님(혹은 여러분이 '신'이라 부르는 존재)이 산꼭대기에 계시고, 우리는 모두 그 아래에 서 있는 것 같네요. 제가 한 길로 산을 오르고, 여러분이 다른 길로 오르더라도 결국 같은 꼭대기에 도착한다는 말씀이군요."

그들은 동시에 미소를 지으며 고개를 끄덕였다. 그중 한 사람이 반가운 듯 외쳤다. "맞습니다, 이해하셨군요!"

나는 잠시 생각을 가다듬은 뒤, 몸을 그들 쪽으로 살짝 기울이며 물었다. "질문이 하나 있습니다. 만약 산 꼭대기에 계신 그 하나님이 우리가 있는 이곳으로 내려오신다면 어떻겠습니까? 하나님이 우리가 그분을 찾아오기를 기다리지 않으시고, 먼저 우리에게 오신다면 말입니다."

두 사람은 잠시 서로를 바라보다가, 거의 동시에 말했다. "정말 놀라운 이야기군요."

나는 부드럽게 말을 이었다. "그렇다면 우리 신앙의 근본적인 차이는 바로 여기에 있습니다. 바로 예수님입니다."

하나님이 우리와 함께하시기 위해 이 땅에 오셨다는 이 단순한 사실이 바로 복음의 핵심이다. 우리는 매년 성탄절이 되면 캐롤을 부르고, 선물을 주고받고, 가족이나 친구들과 함께 식사를 하며 예수님이 이 땅에 오신 일을 기념한다. 하지만 여기에는 그 모든 아름다운 전통보다 더 깊은 의미가 있다.

성탄절은 하나님이 우리 곁으로, 우리 삶 한가운데로 오신 날이다. 조용하지만 혁명적인 날이다. 하늘의 하나님이 사람의 몸을 입고 오셨다는 이 놀라운 선언은 세상의 질서를 뒤흔들 만큼 급진적이면서도, 한편으로는 무척이나 다정하고 따뜻하다.

요셉을 찾아간 천사는 바로 이 의미를 담아 예수님의 탄생을 알렸다. 그분이 '임마누엘'이라 불리실 것이라고 전했는데, 이는 "하나님이 우리와 함께 계시다"는 뜻이다(마태복음 1:23).

그럼 왜, 예수님은 우리와 함께하시기 위해 이 땅에 오셨을까? 성경은 이에 대해 수많은 이유를 말해 준다. 오른쪽 구절에서 그 내용을 찾아볼 수 있다.

예수님은 우리가 풍성하고 영원한 생명을 누릴 수 있는 길을 열어 주시기 위해 오셨다.

요한복음 3:16; 10:10

예수님은 길을 잃은 사람을 찾으시고, 답을 찾지 못한 이들에게 길을 보여 주시기 위해 오셨다.

누가복음 19:10; 마가복음 2:17

예수님은 어두운 세상에 빛을 비추시고, 깨어진 관계를 회복시키기 위해 오셨다.

요한복음 12:46; 갈라디아서 4:4-5

예수님은 죄를 없애시고, 죽음의 두려움에서 우리를 자유롭게 하시기 위해 오셨다.

요한일서 3:5; 히브리서 2:14-15

예수님이 오신 이유를 전하는 말씀은 성경 곳곳에 가득하다. 그중에서도 내 마음을 단번에 사로잡은 한 구절이 있다. 이 말씀은 다른 모든 구절을 요약하면서도, 동시에 우리를 한 단계 더 깊은 곳으로 이끌어 준다. 너무 놀라워서, 만약 예수님이 직접 하신 말씀이 아니라면 도저히 믿기 어려울 만큼 충격적인 말씀이다.

> **인자가 온 것은 섬김을 받으려 함이 아니라 도리어 섬기려 하고 자기 목숨을 많은 사람의 대속물로 주려 함이니라.** (마가복음 10:45)

이 한 구절 안에는, 예수님이 2천 년 전 베들레헴에서 나신 이유 네 가지가 고스란히 담겨 있다. 그리고 그중에서도, 예수님이 우리와 함께하시기 위해 오셨다는 그 첫 번째 이유를 선명하게 보여 준다.

이 말씀에서 예수님이 사용하신 단어들을 천천히 살펴보자. 주의 깊게 보지 않으면 의미를 놓치기 쉽

다. "인자가 온 것은……." 혹시 이 표현에서, 예수님만이 태어나기를 스스로 선택하신 분이라는 사실이 눈에 들어오는가?

역사상 그 누구도 자신이 세상에 올 시기를 결정한 사례가 없다. 우리 중 누구도 어느 날 "이제 세상에 나갈 때가 되었구나" 하고 결심하지 않는다. 당연한 일이다. 우리 가운데 누구도, 잉태되기 전부터 존재한 이는 없기 때문이다. 그러나 예수님은 달랐다. 이것이 바로 성탄의 신비다.

성경은 예수님을 하나님의 아들이라 부른다. 하지만 이 표현은 자주 오해받고, 때로는 의도적으로 왜곡되기도 한다. 예수님은 우리가 부모님의 자녀가 된 것과 같은 방식으로 하나님이 아들이 되신 것이 아니다. 하나님은 마리아와 부부 관계를 통해 예수님을 낳으신 것이 아니다. 우리 부모님이 우리를 낳은 방식과는 전혀 다르다.

성경에서 '아들'이라는 단어는 단순히 부모에게서 태어난 남자를 가리키는 말이 아니다. 그 단어에는 '본성'과 '정체성'같이 다양하고 더 깊은 의미가 담겨 있다. 예수님을 가리키는 인자(인간의 아들)와 하나님의 아들이라는 호칭은 구체적으로는 예수님이 인간적 본성과 신적 본성을 같이 가지고 계심을 가리킨다.

예수님이 "인자"라 불리실 때, 그분의 존재가 (우리와 같이) 완전한 인간이심을 보여 준다. 또한 예수님이 "하나님의 아들"이라 불리실 때, 그것은 그분이 (우리와 달리) 완전한 하나님이심을 선포하는 말이다. 두 호칭을 함께 놓고 보면, 본질적으로 어떤 점에서 예수님과 우리가 다른지 알 수 있다. 그분은 바로 육신이 되신 하나님, 하늘의 하나님이 인간의 몸을 입고 우리 가운데 오신 분이다.

예수님은 이 땅에 오시기로 스스로 결정하셨다. 그래서 성탄의 소식은 세상에서 가장 놀라운 뉴스다. 성탄은 하나님이 우리에게서 멀리 떨어져 계신 분이 아니라는, 놀랍고도 위대한 선언이다. 하나님은 악과 고통이 가득한 세상에서 우리가 겪는 상처와 아픔, 시련과 어려움으로부터 결코 멀리 계시지 않는다. 오히려 하나님은 우리와 함께하시기 위해, 우리를 만나기 위해, 우리가 있는 자리에 오셨다. 그리고 마침내, 우리가 하나님과 함께 참된 생명을 누릴 길을 열어 주셨다.

하나님이 우리를 찾아 오신다는 진리는 기독교에만 있다. 이 차이를 분명히 아는 것은 무척 중요하다. 세상에는 모든 종교가 결국 같은 곳으로 향한다고, 신앙의 차이는 단지 겉모습의 차이일 뿐이라고 생각하는 이들이 많기 때문이다. 사람들은 종종, 내가 동남아시아 한 사원에서 만났던 두 종교 지도자들이 했던 말과 비슷한 이야기를 한다.

"당신에게 가장 잘 맞는 종교를 선택하세요. 종교가 없어도 괜찮아요. 어차피 모든 길은 하나로 통하니까요."

그러나 성탄은 그 말이 사실이 아님을 보여 준다. 하나님이 우리와 함께하시기 위해 이 세상에 오셨다는 선언은 오직 기독교에서만 들려오는 소식이다. 다른 어떤 종교도, 하나님이 인간을 찾아 이 땅으로 내려오셨다고 말하지 않는다. 그것이 복음이 지닌 대담한 고백이다.

한 가지 더 생각해 보자. 왜 하나님은 우리와 함께하시기 위해 오셨을까? 너무나 당연한 이야기처럼 들리지만, 결코 가볍게 흘려보낼 수 없는 진리다. 하나님이 우리와 함께하시기 위해 이 땅에 오신 이유는 단 하나, 그분이 우리를 원하시기 때문이다.

친구가 어떤 사람과 나눈 대화를 들려준 적이 있다. 그 사람은 부유하고, 매력적이며, 성공한 사람이었다. 자신에 대한 확신도 대단했다. 내 친구가 그에게 물었다. "당신은 죽으면 천국에 갈 거라고 생각하십니까?"

그 사람은 잠시 생각하더니 대답했다. "네, 천국에 갈 거라고 믿습니다."

친구가 다시 물었다. "왜 그렇게 생각하십니까?"

그는 이렇게 답했다. "하나님이 제가 그곳에 가는 것을 바라신다고 믿기 때문입니다."

이 이야기를 처음 들었을 때, 나는 속으로 이렇게 생각했다. '그 사람, 참 오만하구나.' 하지만 곰곰이 되새겨 보니, 그 말이 틀리지 않다는 사실을 깨달았다. 하나님은 정말로 그 사람이 천국에 가기를 바라신다. 이것이 그가 천국에 가는 유일한 이유다. 그가 부유해서도, 매력적이어서도, 성공했기 때문도 아니다. 하나님은 여러분도 천국에 가기를 바라신다. 그분이 여러분을 너무나 사랑하시기 때문이다. 바로 그 큰 사랑 때문에 하나님은 여러분과 영원히 함께하기를 원하신다.

다음 장으로 넘어가기 전에, 이 진리를 마음 깊이 새기면 좋겠다. 하나님이 인기의 모습으로 이 땅에 오신 이유는, 하나님이 우리와 함께하기를 바라셨기 때문이다. 말씀으로 세상을 창조하시고, 해와 별을 그 이름으로 부르시며, 산이 떨고 바다가 포효할 만큼 크신 하나님, 온 우주를 다스리시고 통치하시는 그 하나님이 우리 한 사람 한 사람을 인격적으로 사랑하신다. 그분은 우리에게 가장 좋은 것이 무엇인지 아신다. 그리고 우리가 그분과 함께 풍성하고 영원한 생명을 누리기를 바라신다. 그러나 생명을 가로막는 장벽이 있었다. 바로 이 장벽이 예수님이 이 땅에 오신 두 번째 이유로 우리를 이끈다.

> **오늘 다윗의 동네에 너희를 위하여 구주가 나셨으니 곧 그리스도 주시니라**
> **너희가 가서 강보에 싸여 구유에 뉘어 있는 아기를 보리니 이것이 너희에게 표적이니라 하더니**
>
> 누가복음 2:11-12

산 위에서 산 아래로

# PART 2. 죽기 위해 태어나다

TO DIE INSTEAD OF YOU

"… 자기 목숨을 대속물로
주려 함이니라 …"

# 죽기 위해 태어나다

성탄절을 앞두고 이 책을 쓰던 어느 날, 나는 한 장례식 설교를 준비하고 있었다. 평생을 '루씨 아저씨'라 부르던 분의 장례식이었다. 아저씨는 오랜 세월 청소부로 일하셨지만, 학생들이나 나 같은 교회 식구들에게는 그 이상으로 귀한 분이었다.

　루씨 아저씨는 늘 우리를 격려해 주곤 하셨다. "요즘은 어떻게 지내세요?" 하고 안부를 물으면, 아저씨의 대답은 늘 같았다. "아주 잘 지내요. 다 하나님의 은혜죠." 삶에 어떤 굴곡이 있어도, 대답은 한 번도 달라진 적이 없었다. 나는 루씨 아저씨처럼 기쁨이 넘치는 삶을 살아가는 사람을 거의 본 적이 없다. 그래서일까, 장례식에서 가족들과 친구들은 모두 깊은 슬픔 속에서 그분을 향한 그리움과 사랑을 담아 아저씨를 추모했다.

죽음에 대해 진지하게 생각하는 사람은 많지 않다. 누구에게나 죽음은 피할 수 없는 종착지이지만, 우리는 종종 그 사실을 애써 외면한다. 죽음은 두려움의 대상이 되기도 하고, 때로는 공포로 다가오기도 한다. 그러나 바로 이 지점에서 예수님은 우리와 완전히 다르셨다. 죽음이야말로 예수님이 이 땅에 오신 이유였다. 예수님은 이렇게 말씀하셨다.

**인자가 온 것은 …… 자기 목숨을 …… 주려 함이니라.** (마가복음 10:45)

이 말씀은 어쩌면 이상하게 들릴지 모른다. 하지만 결국 성탄절은, 죽기 위해 태어나신 한 분을 기억하는 날이다.

인류 역사 속 다른 종교 지도자들과 비교해 보면, 예수님이 얼마나 특별한 분인지 더욱 분명해진다. 다른 세계 종교들은 지도자들의 삶과 가르침에 초점을 맞춘다. 그들이 몇 살까지 살았든(무함마드는 62세, 공자는 72세, 부처는 80세에 생을 마쳤다), 죽음은 곧 그들의 사명이 끝났음을 의미했다.

그러나 예수님에게 죽음은 전혀 다른 의미였다. 예수님은 공생애 동안 자신의 죽음에 대해 여러 번 말씀하셨고, 그 일을 미리 내다보셨으며, 때로는 제자들에게 예언하기도 하셨다. 그래서 지난 2천 년 동안, 기독교의 상징은 '생명'이 아니라 '죽음'을 뜻하는 십자가가 되었다. 그 죽음은 비극이나 사고가 아니었다. 십자가는 처음부터 하나님의 계획 속에 있었다. 구유에 누인 작은 아기는 궁극적으로 십자가에 못 박히기 위해 오셨다. 그분은 태어날 때부터 우리를 위해 죽으시는 그 길을 걸으셨다.

예수님이 죽으신 일이 왜 그토록 중요할까? 답은 예수님의 말씀 속에 담겨 있다.

**인자가 온 것은 …… 자기 목숨을 '많은 사람의 대속물로' 주려 함이니라.** (마가복음 10:45)

여기서 "대속물"은 누군가를 노예 상태에서 해방시키기 위해 지불하는 값을 뜻한다. 이 지점에서 비로소, 우리가 성탄 이야기 속에 등장한다. 하나님은 우리가 그분과의 관계 안에서 완전하고 풍성한 생명을 영원히 누리며 살도록 지으셨다. 하지만 어느 순간 문제가 생겼다. 우리가 하나님과 그분의 길에서 돌아선 것이다. 이것은 인류 전체의 문제이자, 동시에 우리 각자의 문제다.

성경은 이것을 '죄'라 부른다. 우리는 죄의 노예가 되어 살아간다. 하나님보다 우리가 더 잘 안다고 믿으며, 하나님이 정하신 길보다 자신이 정한 길이 더 옳다고 생각한다.

이런 모습은 아이러니하게도 예수님의 오심을 기념하는 성탄절 시즌에 더 뚜렷하게 드러나기도 한다. 기쁨과 평화로 가득해야 할 때에, 우리는 엄청난 인파

속에서 짜증을 내고 인내심이 바닥나기도 한다. 선물을 주고받는 아름다운 전통은 더 많이, 더 새롭게, 더 좋은 것을 원하게 만드는 끝없는 소비의 욕망으로 변질되곤 한다. 심지어 가족이나 친구들과 보내는 시간조차 상처와 서운함, 용서하지 못한 마음과 오래된 갈등으로 얼룩질 때가 있다. 이런 문제는 우리 주변의 이야기만이 아니다. 세상 곳곳에서 들려오는 뉴스는 악과 불의, 갈등과 전쟁으로 가득하다.

세상이 고통과 상처로 가득한 이유는 단 하나다. 우리가 하나님에게 죄를 지어 그분과의 관계가 끊어졌기 때문이다. 죽음 역시 그 단절의 결과다. 성경은 분명히 말한다. 죄의 대가는 죽음이다. 만일 하나님으로부터 끊어진 채로 죽는다면, 우리는 영원히 하나님과 그분의 사랑에서 멀어지게 될 것이다.

그래서 예수님이 세상에 오셨다. 우리의 대속물로 자신의 생명을 내어 주시기 위해서다. 다시 말해, 우리 죗값을 대신 치르기 위해 오신 것이다. 예수님의 대속으로 우리는 죄의 권세와 형벌에서 자유롭게 되었다. "인자가 온 것은 …… 자기 목숨을 많은 사람의 대속물로 주려 함이니라." 여기서 "많은 사람의"라는 말은 '많은 사람을 대신해서'라는 뜻이다.

예수님은 이 땅에 오셔서 단 한 번도 죄를 짓지 않으셨다. 어린 시절에는 부모님에게 불순종하지 않으셨고, 청소년기에는 순결을 지키셨으며, 성인이 되어서도 언제나 친절히 말씀하시고, 바른 행동으로 모든 사람을 사랑하셨다. 그분의 모든 생각과 바람, 그리고 행동은 언제나 공의롭고 자비롭고 선했다.

    죄를 지은 사람이 벌을 받는 것은 당연하다. 그래서 모든 사람에게 죽음이 있는 것이다. 하지만 예수님은 죄가 없으시기에 죽으실 이유도 없었다. 바로 그 죄 없으심이, 우리의 죗값을 대신 치를 수 있는 자격이 되었다. 세상 모든 사람이 하나님에게 죄를 지었다는 말은, 결국 우리 모두가 죽어 마땅하기에 다른 누군가의 죗값을 대신 치를 자격이 없다는 뜻이 된다.

    하지만 예수님은 다르시다. 그분은 유일하게 그

일을 하실 수 있는 분이다. 그래서 예수님이 이 땅에 오셨다. 우리를 대신해 죽으시기 위해, 우리 대신 죗값을 완전히 치르기 위해서다. 예수님은 육신을 입으신 하나님이시다. 인간의 몸을 입으셨기에 우리의 인간성에 온전히 참여하셨고, 동시에 하나님이시기에 신적 심판을 온전히 감당하실 수 있었다. 오직 예수님만이 우리의 죄를 없앨 수 있다.

어느 이른 아침, 나는 우버 택시에 올랐다. 운전사는 아랍 출신의 하셈이라는 남자였다. 그는 내 직업을 물었고, 나는 목사라고 답했다. 그 순간 백미러 속 그의 눈이 반짝였다. "어떻게 이런 일이!" 그가 감탄하듯 말했다. "목사님에게 꼭 말씀드리고 싶은 이야기가 있습니다."

그는 잠시 숨을 고르더니 이야기를 꺼냈다. "저는 무슬림입니다. 예수님을 선지자로는 믿지만, 육신을 입은 하나님이라고는 믿지 않았습니다. 하나님이 아기가 되신다고 생각하는 건 불경한 일이라 여겼죠. 그런데 어느 날 밤, 꿈을 꾸었습니다. 조그마한 아기가 제 앞에 서서 어른처럼 또렷한 목소리로 저에게 말했습니다. 제 눈을 똑바로 바라보면서 '하나님이 하실 수 있는 일을 의심하거나 가볍게 여기지 말아라' 하고 말이지요." 그는 잠시 침묵하더니 내게 물었다. "이 꿈을 설명해 주실 수 있을까요?"

나는 이렇게 대답했다. "하솀 씨, 저는 꿈을 해석하는 사람이 아닙니다. 하지만 그 꿈의 의미는 분명히 알고 있습니다." 그리고 천천히 말을 이었다. "하나님은 우리를 너무 사랑하셔서, 우리가 상상조차 할 수 없는 일을 하셨습니다. 그분이 직접 이 세상에 오셔서, 당신과 저 같은 사람들의 죄를 대신 지고 십자가에서 죽으셨습니다."

나는 무슬림들이 예수님의 십자가 죽음을 받아들이지 않는다는 것을 알고 있었다. 그럼에도 그 순간에는 잠잠할 수 없었다. "예수님은 육신을 입으신 하나님이십니다. 그리고 그분이 십자가에서 죽으심으로 우리의 죄가 용서받고, 하나님과의 관계가 회복될 수 있는 길이 열렸습니다."

하셈의 눈에 눈물이 고였다. 그는 눈물을 훔치며 미안하다고 말했다. 나는 부드럽게 웃으며 말했다. "괜찮습니다. 다만, 운전 중엔 눈을 도로에서 떼지는 말아 주세요." 차가 목적지에 다다를 때까지 우리의 대화는 계속되었다. 그리고 어느 순간, 나는 조심스럽게 물었다. "하셈 씨, 제가 드린 말씀을 믿으시나요? 예수님이 육신을 입은 하나님이시며, 당신을 너무나 사랑하셔서 당신의 죄를 위해 죽으러 오셨다는 그 사실을요."

  그가 나를 돌아보며 말했다. "그럼요. 정말로 이 세상에서 가장 놀라운 소식이죠. 저는 이 사실을 분명히 믿습니다."


예수님이 우리를 위해 죽으셨다는 사실은 놀랍도록 기쁜 소식이다. 그런데 믿기 어려울 만큼 더 놀라운 소식이 있다. 예수님이 죽은 지 사흘 만에 무덤에서 다시 살아나신 것이다.

  예수님은 세상 어느 누구도 살지 못한 완전한 삶을 사셨다. 그분은 우리가 짊어져야 할 죗값을 대신 치르시기 위해 죽으셨고, 다시 살아나심으로써, 인간이 결코 이길 수 없었던 원수인 죽음 자체를 정복하셨다.

예수님은 지금도 살아 계신다. 그분이 우리를 위해 이 모든 일을 행하셨다. 캐나다의 과학자 G. B. 하디는 이 사실을 이렇게 고백했다. "내가 살펴보니 부처는 죽어서 무덤에 있고, 공자도 죽어서 무덤에 있으며, 무함마드도 죽어서 무덤에 있더라. 하지만 예수는 무덤에 없었다. 내가 말하기를, '죽음을 정복한 분이 계시는구나. [그런데] 그분이 나도 그렇게 할 수 있는 길을 만드셨을까?' 그리고 성경을 펼쳤더니 이런 말씀이 보였다. '내가 살아 있고 너희도 살아 있겠음이라'(요한복음 14:19)."

예수님은 이 땅에 오셨고, 사셨고, 죽으셨고, 그리고 무덤에서 다시 살아나셨다. 여러분이 누구인지, 지금까지 어떻게 살아왔는지는 중요하지 않다. 그저 죄에서 돌이켜 예수님을 믿고 그분에게 여러분의 삶을 온전히 맡기기만 하면 된다. 그때 여러분은 모든 잘못을 용서받고, 하나님과의 관계가 영원히 회복된다.

성경에서 가장 잘 알려진 구절인 요한복음 3장 16절은 이렇게 말한다.

**하나님이 세상을 이처럼 사랑하사 독생자를 주셨으니 이는 그를 믿는 자마다 멸망하지 않고 영생을 얻게 하려 하심이라.**

이 구절의 "세상"이라는 단어를 자신의 이름으로 바꾸어 읽어 보자. 하나님이 ○○○을/를 이처럼 사랑하사 독생자를 주셨다. 그러므로 ○○○이/가 예수님을 믿으면 ○○○은 영원한 죽음을 경험하지 않을 것이다. ○○○은/는 하나님과의 관계 안에서 영원한 생명을 누리게 될 것이다.

이보다 완벽한 선물이 있을까. 예수님이 우리를 대신해 죽으시기 위해 이 땅에 오셨다. 이제 우리는 영원토록 죄의 권세와 형벌에서 자유롭게 되었다.

루씨 아저씨를 기억하는가? 그도 우리와 다르지 않은 삶을 살았다. 몸이 지치고, 마음이 무겁고, 사람들과의 관계가 버겁게 느껴질 때도 있었다. 아저씨는 죄로 물든 이 세상에서 모든 어려움이 완전히 사라지지 않으리라는 것을 알고 있었다. 그럼에도 그의 마음에는 한 가지 확신이 있었다. 예수님이 그에게 꼭 필요한 것을 채워 주기 위해 오셨다는 믿음이었다.

그것은 다름 아닌 용서와 회복이었다. 하나님과의 관계가 회복되고, 그분 안에서 새로워지는 삶 말이다. 그래서 루씨 아저씨는 어떤 일을 겪든, 심지어 죽음 앞에서도 두려워하지 않았다. 결국 하나님 안에서 자신이 바라던 모든 것을 완전히 누리게 되리라는 것을 알았기 때문이다. 영원토록 죄와 그 모든 영향에서 자유로워진 채로 말이다.

예수님의 오심은 참으로 아름다운 소식이다. 지

금까지 살펴본 이 모든 사실이 영원한 세상뿐 아니라, 지금 이 순간, 오늘 우리의 삶도 바꿔 놓을 수 있기 때문이다. 이것이 예수님이 이 땅에 오신 세 번째 이유다.

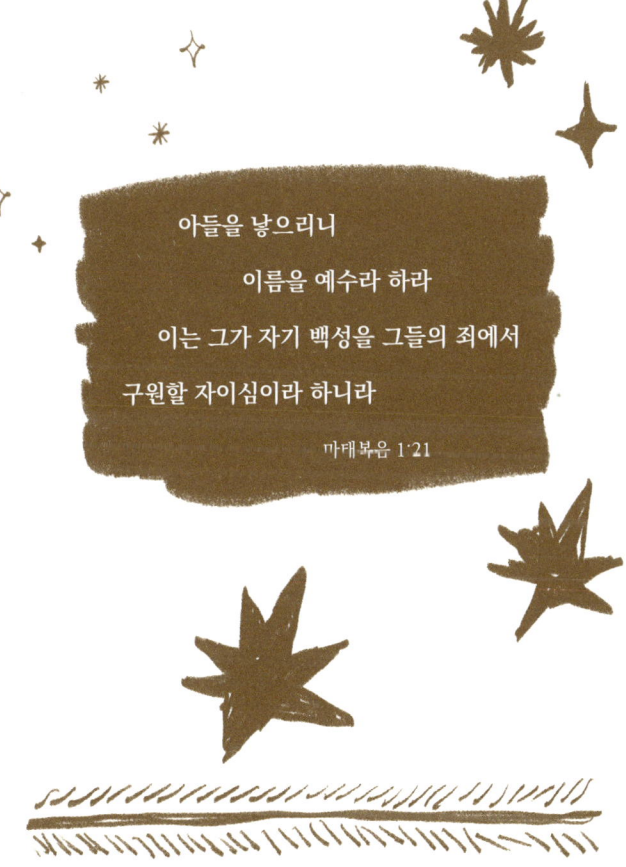

아들을 낳으리니
이름을 예수라 하라
이는 그가 자기 백성을 그들의 죄에서
구원할 자이심이라 하니라

마태복음 1:21

# PART 3. 위대함에 대한 새로운 정의

"… 섬김을 받으려 함이 아니라 …"

# 위대함에 대한 새로운 정의

우리 가족에게는 특별한 성탄절 전통이 하나 있다. 가족 모두가 손꼽아 기다리는 '나눔 저금통'이다. 이 전통은 이렇게 진행된다. 12월 한 달 동안 아이들은 집안일을 돕거나 동네에서 봉사를 하면 우리 부부에게 용돈을 받는다. 설거지를 하면 조금 적게, 집 전체를 청소하면 조금 더 많이 받는 식이다. 다만 우리는 그 용돈을 아이들에게 주는 대신 그들의 '나눔 저금통'에 넣어 준다.

아이들은 한 달 내내 저금통을 더 많이 채우기 위해 열심히 노력하고 때로는 치열하게 경쟁하기도 한다. 이 전통은 이제 친척들에게도 의미 있게 자리 잡았다. 그들은 아이들에게 성탄 선물 대신, 저금통에 넣을 돈을 보내주곤 한다.

성탄절 아침이 되면, 우리 가족은 예수님의 탄생 이야기를 함께 읽고 기도한다. 그러고 나서 '나눔 저금통'을 꺼내 각자 자신이 모은 돈을 세어 본다. 돈을 모두 합쳐서, 도움이 필요한 사람들을 돕기 위한 방법을 함께 찾아본다. 우리가 후원하는 구호 단체의 카탈로그를 펼쳐, 보내 줄 선물을 고를 때면 아이들의 얼굴에는 늘 설렘이 번진다.

　가난한 나라의 한 가족에게 염소를 선물했던 첫 번째 나눔 저금통이 특히 기억에 남는다. 그때 막내아들은 무척 기뻐했다. 염소가 자기 것이 되는 줄 알

았던 것이다. 하지만 다른 가족에게 간다는 사실을 알고는 몹시 실망했다. 그 후로 시간이 지나, 이제 막내도 '나눔 저금통'이 가진 진짜 의미를 이해하게 되었다.

우리 부부가 '나눔 저금통' 전통을 만든 데는 이유가 있다. 예수님이 이 땅에 오신 세 번째 이유, 즉 '어떻게 살아야 하는지를 보여 주기 위해서'다. 마가복음 10장 45절의 말씀은 제자들이 서로 누가 더 큰 사람인지 다툴 때 예수님이 하신 말씀이다. 서로를 더 잘 섬기려는 경쟁이 아니라, 서로 더 높은 자리에 오르려는 경쟁이었다.

    이 장면은 오늘날 우리가 살아가는 사회 모습을 그대로 비춘다. 우리는 끊임없이 남과 자신을 비교하고, 때로는 누군가를 희생시키면서까지 자신의 이익을 챙기려 한다. 예수님의 제자들 역시 세상에서의 성공을 꿈꾸고 있었다. 그러나 예수님은 그들의 '성공' 개념을 완전히 뒤집으셨다. 예수님이 이 땅에 오신 이유를 설명하기 직전에 하신 말씀을 들어보자.

위대함에 대한 새로운 정의

**예수께서 불러다가 이르시되 이방인의 집권자들이 그들을 임의로 주관하고 그 고관들이 그들에게 권세를 부리는 줄을 너희가 알거니와 너희 중에는 그렇지 않을지니 너희 중에 누구든지 크고자 하는 자는 너희를 섬기는 자가 되고 너희 중에 누구든지 으뜸이 되고자 하는 자는 모든 사람의 종이 되어야 하리라 인자가 온 것은 섬김을 받으려 함이 아니라 도리어 섬기려 하고 자기 목숨을 많은 사람의 대속물로 주려 함이니라.** (마가복음 10:42-45)

이 말씀에서 예수님은 '위대함'의 의미를 다시 정의하신다. 남을 섬기는 것이 진정한 위대함이라고 말씀하신다. 예수님은 다른 사람들 위에 서지 말고, 오히려 다른 사람들을 위해 자신을 희생하라고 말씀하신다. 그리고 제자들이, 나아가 우리가 분명히 이해하도록 이렇게 덧붙이신다. "네 주변에 있는 사람들을 보라. 그리고 너 자신을 그들의 종으로 여겨라."

예수님은 여기에서 노예 제도를 옹호하신 것이 아니다. 그분은 우리를 억압하려는 것이 아니라, 진정으로 행복한 삶(예수님의 표현으로는 '위대한 삶')으로 초대하신 것이다. 자발적으로 자신을 내어 주며 다른 이들을 사랑으로 섬기는 삶 말이다. 예수님이 가장 먼저 그렇게 사셨다. 하늘의 영광을 버리고 이 땅에 오셔서, 우리를 위해 자신의 생명을 내어 주셨다.

이렇듯 예수님의 오심은 영원뿐 아니라 오늘의 일상에도 변화를 가져온다.

이런 상상을 해 보자. 주변 사람들이 여러분을 섬기며 살아간다면 어떨까? 휴일 근무를 자신이 서겠다고 나서 준 직장 상사 덕분에 가족이나 친구들과 시간을 보낼 수 있게 된다면. 별로 친하지 않다고 생각했던 친구가 기대하지도 않았던 성탄 선물을 보내온다면. 휴가철에도 쌓인 일 때문에 지쳐 있는 여러분을 대신해 가족들이 생각지도 못한 방법으로 도움을 주어 잠시라도 쉴 시간이 생긴다면.

예수님은 바로 이런 사랑을 여러분이 주변 사람들에게 베풀기 원하신다. 여러분이 가족, 친구, 직장 동료, 학교 친구들을 '종의 마음'으로 섬긴다면 어떤 변화가 일어날까? 그리고 더 나아가 이런 변화는 여러분이 알지 못했던 어려운 처지의 사람들을 바라보는 시선도 뒤바꿔 놓지 않을까?

우리는 가족이 필요한 외로운 사람들, 집이 필요한 난민들, 자유가 필요한 노예들, 먹을 것이 필요한 가난한 이들, 정의가 필요한 억압받는 이들로 가득한 세상에 살고 있다. 예수님의 오심은 바로 그런 사람들을 섬기라는 예수님의 초대이자, 부르심이다.

지금 내 앞에는 한 학생이 쓴 편지가 놓여 있다. 그를 캐머런이라고 부르자. 캐머런은 최근에 나이가 차서 위탁가정을 떠나야 했지만 그를 도와줄 친척이 아무도 없었다. 머물 곳이 없어 기차역이나 공원에서 밤을 보내야 했다.

소식을 들은 우리 교회의 피터와 로렌 부부는 망

설임 없이 두 시간 만에 그를 자기 집으로 데려왔다. 그들은 안전한 거처와 푸짐한 식사를 제공했고, 단순히 숙식을 마련해 준 것을 넘어 지속적으로 캐머런에게 든든한 버팀목이 되어 주었다. 정비공을 꿈꾸던 캐머런은 그들의 도움으로 다시 학교에 다닐 수 있게 되었다. 교회에도 나가기 시작했고, 피터와 로렌이 소개해 준 친구들을 만나 새로운 공동체를 이루게 되었다. 친구들은 캐머런에게 가족 같은 존재가 되어 주었다.

이 편지는 캐머런이 친구들, 아니 이제는 가족이 된 사람들에게 쓴 것이다.

저를 돌봐 주셔서 감사합니다. …… 가끔 생각해요. [교회가 아니었다면] 지금 제가 어디에 있었을까 하고요. 솔직히, 아직 살아 있을지조차 장담할 수 없어요. 여러분의 도움은 정말 특별했어요. 저에게 주어진 두 번째 기회 같았죠. 세상의 선한 면을 다시 볼 수 있는 두 번째 기회

요. 마치 한 번도 본 적 없는 부모님을 만난 것 같았어요. …… 그저, 여러분이 제 곁에 있어 주셔서 감사하다는 말씀을 드리고 싶어요.

캐머런은 이전과는 완전히 다른 인생을 살게 되었다. 예수님이 보여 주신 삶의 방식을 그대로 실천한 사람들 덕분이었다. 그들이 없었다면, 캐머런의 삶은 지금과는 전혀 다른 모습이었을 것이다.

 예수님은 우리가 받기만 하게 하시려고 이 땅에 오신 것이 아니다. 오히려 누군가를 사랑하기 위해 자신을 내어놓는 삶을 보여 주셨다. 매일의 삶 속에서 생명을 내어 주며 섬기는 사랑, 그것이 예수님이 이 땅에 오신 진정한 이유다.

 물론, 우리 자신의 힘만으로는 결코 그렇게 사랑할 수 없다. 그래서 예수님이 이 땅에 오셨다. 이것이 바로 그분이 오신 마지막 이유로 이어진다. 그 네 번째 이유야말로, 가장 놀랍다.

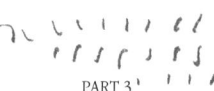

> 말씀이 육신이 되어 우리 가운데 거하시매
> 우리가 그의 영광을 보니 아버지의 독생자의 영광이요
> 은혜와 진리가 충만하더라
>
> 요한복음 1:14

# PART 4. 종교에 대한 모든 상식을 버리다

...TO BE YOUR SERVANT...

"… 도리어 섬기려 하고 …"

# 종교에 대한 모든 상식을 버리다

여러분이 가까운 친구나 가족과 함께 고급스러운 장식과 따스한 조명이 어우러진 식당에서 만찬을 즐기는 모습을 상상해 보자. 누군가 여러분에게 따뜻하고 진심 어린 미소를 띠고 다가와 묻는다. "무엇을 도와드릴까요?"

이 장면을 마음속에 그려 보라. 사실 이것이 바로, 예수님이 우리를 대하시는 태도다. 육신이 되신 하나님이 우리에게 다가오셔서 이렇게 말씀하신다. "나는 너를 섬기러 이 땅에 왔단다."

정말 놀라운 이야기다. 감히 이해하기도, 쉽게 믿어지지도 않는다. 그러나 예수님은 분명히 말씀하셨다. "인자가 온 것은 섬김을 받으려 함이 아니라 도리어 섬기려 하고." (마가복음 10:45)

예수님은 자신을 믿는 사람들이 천국에서 어떤 은혜를 누릴지를 말씀하실 때에도 같은 단어를 사용하셨다. "주인이 띠를 띠고 그 종들을 자리에 앉히고 나아와 수종들리라." (누가복음 12:37)

이런 말씀은 세상의 어떤 종교 지도자에게서도 들을 수 없는 말이다. 대부분의 종교는 인간이 신에게 무엇을 드려야 하는지를 강조한다. 하지만 신이 인간에게 무엇을 주려 하는지는 거의 말하지 않는다. 그러나 예수님은 다르셨다. 그분은 권력을 휘두르는 왕으로 오신 것이 아니다. 하찮은 종들을 자신의 변덕에 맞춰 움직이게 하려고 오신 것이 아니다. 오히려 스스로 하찮은 종, 우리의 종으로 오셨다.

하나님이 우리의 종이 되신다니. 이보다 놀랍고, 터무니없게 들리는 이야기가 또 있을까.

예수님이 우리의 종이 되신다는 말은, 우리가 원

하는 대로 말하기만 하면 예수님이 그대로 들어주신다는 뜻이 아니다. 부모가 자녀에게 "안 돼"라고 말할 준비가 되어 있듯, 예수님도 우리의 모든 세속적인 욕망을 그대로 받아 주실 만큼 호락호락하지 않으시다.

성경은 여러 곳에서 예수님을 따르는 사람들을 그분의 '종'이라 부른다. 예수님은 하나님이시며, 우리 인생의 주인이시다. 행복의 비결은 단순하다. 우리를 창조하시고, 사랑하시며, 무엇이 우리에게 가장 좋은지 아시는 분의 인도하심을 따라 사는 것이다.

그렇다면 예수님에게 우리의 섬김이 필요할까? 전혀 그렇지 않다. 하나님으로서 예수님은 완전한 분이며, 우리에게 어떤 것도 의존하지 않으신다. 오히려 우리가 그분을 필요로 한다.

바로 여기에 핵심이 있다. 예수님은 우리가 가장 절실하게 필요로 하는 것을 채워 주기 원하신다. 그렇다면, 우리에게 진정으로 필요한 것은 무엇일까? 앞에서 살펴본 대로 우리는 모두 하나님에게 죄를 지었고, 그분의 용서가 필요하다. 따라서 우리 인생에서 가장 깊고 근본적인 필요는 이것이다. 하나님이 우리 죄로 인한 죄책감과 수치심을 지워 주시고, 그분과의 관계를 회복시켜 주시는 것이다. 모든 좋은 선물은 하나님에게서 온다. 하나님 안에 있을 때, 비로소 우리는 필요한 모든 좋은 것을 누릴 수 있다.

그런데 문제는, 우리 스스로는 가장 절실한 필요를 결코 채울 수 없다는 것이다. 아무리 애써도, 아무리 노력해도 우리의 힘만으로는 하나님에게 나아갈 수 없다. 앞에서 보았듯, 동남아시아 한 사원에서 만난 두 종교 지도자는 우리가 모두 산을 올라 신에게 가는 중이라고 말했다. 그런 말을 들을 때마다 나는 과거에 올랐던 아시아의 높은 산들을 떠올린다.

가파른 오르막길을 오르다 보면, 어느 순간 꼭대기에 다다랐다고 착각하곤 한다. 이제 곧 정상에 도착하겠지 싶어 숨이 차오르는 고통을 참으며 한 걸음씩 내딛는다. 그러다 마침내 오르막길의 끝에 다다라 안도의 숨을 내쉬는데, 그곳이 '진짜 정상'이 아니라 가짜 정상이었다는 사실을 깨닫는 순간, 그 허탈함과 피로는 이루 말할 수 없다. 실제로는 아직도 한참을 더 올라가야 하는데, 이전에 서 있던 자리에서는 그 길이 전혀 보이지 않았던 것이다.

종교는 이런 가짜 정상들로 가득하다. 사람들은 이렇게 생각한다. '기도를 열심히 하면, 선행을 많이 하면, 종교 행사에 꾸준히 참석하기만 하면 내 삶도 좋아질 거야.' 하지만 실제로는 그렇지 않다. 우리가 아무리 애써도 죄로 얼룩진 마음을 스스로 깨끗하게 할 수 없다. 사람이 하나님을 섬기는 노력만으로는, 결코 하나님과의 화해에 이를 수 없다. 우리에게 필요한 것은 하나님이 우리를 섬기시는 일이다. 그래서 예수님은 이렇게 말씀하셨다. "나는 너희를 섬기러 왔지, 너희에게 섬김을 받으러 온 것이 아니다."

여러분은 지금까지 하나님에게 자신을 섬겨 달라고 진심으로 요청한 적이 있는가? 없다면 지금 바로 구하길 바란다. 이것은 인생에서 우리가 드릴 수 있는 가장 중요한 기도다. 이것이 죄를 용서받고, 하나님과의 관계를 회복하며, 그분과 함께 영원한 생명을 얻는 유일한 길이기 때문이다. 지금 이 순간, 잠시 모든 일을 멈추고 이렇게 기도해 보라.

**하나님, 제가 주님께 죄를 지었습니다. 저에게는 주님의 섬김이 필요합니다. 예수님이 이 땅에 오셔서 제가 살아내지 못한 삶을 사시고, 제가 죽어야 했던 죽음을 대신 짊어지시고, 제가 이길 수 없었던 원수인 죽음을 정복하셨음을 믿습니다. 오늘 저는 저의 죄에서 돌이킵니다. 저를 구원하시려고 생명을 내어 주신 예수님을 나의 구원자요 주님으로 믿기 원합니다. 부디 저의 죄를 용서해 주시고, 영원히 하나님과의 관계를 회복시켜 주옵소서.**

하나님은 이 기도에 반드시 응답하신다. 아니, 하나님은 우리가 이 기도를 드리는 그 순간이 오기를 오래전부터 손꼽아 기다리고 계셨다. 하나님은 지금 이 순간부터 영원까지 우리의 가장 절실한 필요를 채우심으로 우리를 섬기기를 원하신다. 우리는 다만 하나님에게 구하고, 그분이 들어주실 것을 믿기만 하면 된다.

첫 아이가 태어났던 12월의 어느 날을 지금도 생생히 기억한다. 우리 부부는 그때 이 작은 아기를 어떻게 돌봐야 할지 아무것도 몰랐다. 언제 먹이고, 언제 재우고, 어떻게 울음을 달래야 하는지, 모든 게 낯설고 두려웠다.

첫째를 처음으로 목욕시키던 순간이 아직도 잊히지 않는다. 우리는 병원에서 받은 '신생아 목욕 단계별 지침서'를 꺼내 들었다.

**1단계, 수건을 적신다.** 좋아, 그대로 했다.

**2단계, 아기 비누**(유기농, 무자극, 무알코올)**를 수건에 조금 묻힌다.** 좋아, 확인. 그다음은 뭐지?

우리가 지침서를 붙잡고 우왕좌왕하는 동안, 불쌍한 우리 아기는 차가운 공기 속에서 몸을 덜덜 떨며 자지러지게 울었다. 아기의 울음소리가 마치 이렇게 말하는 것 같았다. "왜 나는 초보 부모에게 걸린 거야? 뭘 해야 하는지 아무것도 모르잖아!"

우리는 금세 배웠다. 아니, 배워야만 했다. 아기는 우리에게 전적으로 의존했기 때문이다. 우리의 섬김이 없이는 이 작은 생명이 살아갈 수 없었다.

이 이야기를 꺼내는 이유는, 예수님이 제자들에게 하신 말씀 때문이다.

**누구든지 하나님의 나라를 어린아이와 같이 받들지 않는 자는 결단코 그곳에 들어가지 못하리라.** (마가복음 10:15)

어린아이와 같은 믿음은 예수님을 따르는 데 가장 중요하다. 이 믿음의 중심에는 우리가 예수님에게 전적으로 의존하고 있음을 깨닫는 일이 있다. 예수님은 자신의 필요를 채워 줄 종들을 찾으러 오신 분이 아니다. 어머니나 아버지의 품에 안긴 아이처럼 하나님 앞에 자신을 낮추는 사람을 찾으신다.

예수님의 섬김이 필요하다는 사실을 인정하는 사람, 자신을 위한 예수님의 희생적 사랑을 받아들이는 사람, 그리고 그것을 잠시가 아니라 평생 마음에 간직하는 사람. 예수님은 바로 그런 사람들을 만나러 오셨다.

곰곰이 생각해 보면, 기독교는 전적으로 하나님이 그분의 백성을 섬기시는 것에 달려 있음을 발견할 수 있다. 기도는 하나님에게 이렇게 말씀드리는 것이다.

"주님, 제가 이런 어려움을 겪고 있습니다. 주님의 도우심이 필요합니다." 누군가를 위해 기도할 때도 마찬가지다. "하나님, 이 사람이 힘든 시간을 지나고 있습니다. 주님의 도움이 필요합니다." 하나님은 그분의 능력과 지혜와 사랑으로 우리가 드리는 기도에 응답하심으로써 우리를 섬기신다. 그리고 이렇게 말씀하신다. "모든 상황 속에서, 너에게 필요한 것을 내게 구하라."

이 원리는 우리 삶 전체로 이어진다. 내 일상을 돌아보면 하나님을 필요로 하는 순간으로 가득하다. 하루를 시작할 때마다 나는 하나님의 힘이 필요하다. 삶의 방향을 세우고, 세상의 가치관이 아닌 하나님 나라의 가치로 살아가려면 매일 아침 그분의 말씀을 들어야 한다. 나 자신과 다른 이들의 유익을 위해 지혜롭게, 그리고 성실하게 일하기 위해서도 하나님의 도우심이 필요하다. 하루 동안 나는 끊임없이 "사랑과 희락과 화평과 오래 참음과 자비와 양선과 충성과 온유와 절제"(갈라디아서 5:22-23)와 같은 성령의 열매를 필요로 한다.

　죄와 이기심에서 나를 구원하시고, 다른 사람을 사랑하며 섬기도록 인도하시는 하나님이 매 순간 필요하다. 밤이 되어 잠자리에 들 때는 불안하고 초조한 내 영혼을 달래 주실 하나님이 필요하다. 그리고 놀랍게도, 하나님은 이 모든 필요, 아니, 그 이상까지도 채워 주시겠다고 약속하셨다.

이런 말을 하면 꼭 이렇게 반응하는 사람들이 있다. "그래, 그게 바로 기독교의 문제야. 너무 유약하지. 기독교는 스스로 아무것도 할 줄 모르는 사람들에게나 필요한 종교야." 또 어떤 사람들은 이렇게 말한다. "나한텐 하나님의 섬김 같은 건 필요 없어. 나는 하루도 거르지 않고 일찍 일어나 열심히 일하고, 좋은 일을 하며 내 인생을 잘 관리하고 있거든."

　나는 그들의 성실함과 선한 마음을 의심하지 않는

다. 하지만 이렇게 물어보고 싶다. 아침에 눈뜨는 그 순간, 당신의 호흡은 어디에서 오는가? 당신이 하루를 버티게 하는 음식과 물은 어디에서 오는가? 당신이 일할 수 있는 몸과 마음을 지으신 분은 누구인가?

실제로는 이 세상에 자신의 힘만으로 살아가는 사람은 아무도 없다. 세상의 모든 존재는 하나님에게 의존한다. 우리가 '하나님'이라는 단어를 불편해한다 해도, 이 세상을 이해하고 생각하며 살아갈 수 있는 능력 자체가 우리가 거부하는 바로 그분에게서 비롯되었다는 사실은 변하지 않는다.

    우리 모두에게는 하나님이 필요하다. 하나님과의 관계는 이 단순한 진실을 깨닫는 순간부터 시작된다. 그리고 이 관계는, 그 깨달음 위에서 매일, 순간마다 새롭게 이어져 간다. 예수님이 종으로 오셨다. 우리가 필요로 하는 모든 것을 내어 주시기 위해.

    이것이 바로 예수님이 이 땅에 오셨다는 사실에 담긴, 가장 기쁜 소식이다.

너희 안에 이 마음을 품으라
곧 그리스도 예수의 마음이니
그는 근본 하나님의 본체시나 하나님과
동등됨을 취할 것으로 여기지 아니하시고

오히려 자기를 비워 종의 형체를 가지사
사람들과 같이 되셨고
사람의 모양으로 나타나사 자기를 낮추시고
죽기까지 복종하셨으니
곧 십자가에 죽으심이라

이러므로 하나님이 그를 지극히 높여
모든 이름 위에 뛰어난 이름을 주사
하늘에 있는 자들과 땅에 있는 자들과
땅 아래에 있는 자들로

> 모든 무릎을
>
> 예수의 이름에 꿇게 하시고
>
> 모든 입으로
>
> 예수 그리스도를 주라 시인하여
>
> 하나님 아버지께 영광을 돌리게 하셨느니라
>
> 빌립보서 2:5-11

종교에 대한 모든 상식을 버리다

# Epilogue. 우리에게 가장 필요한 것

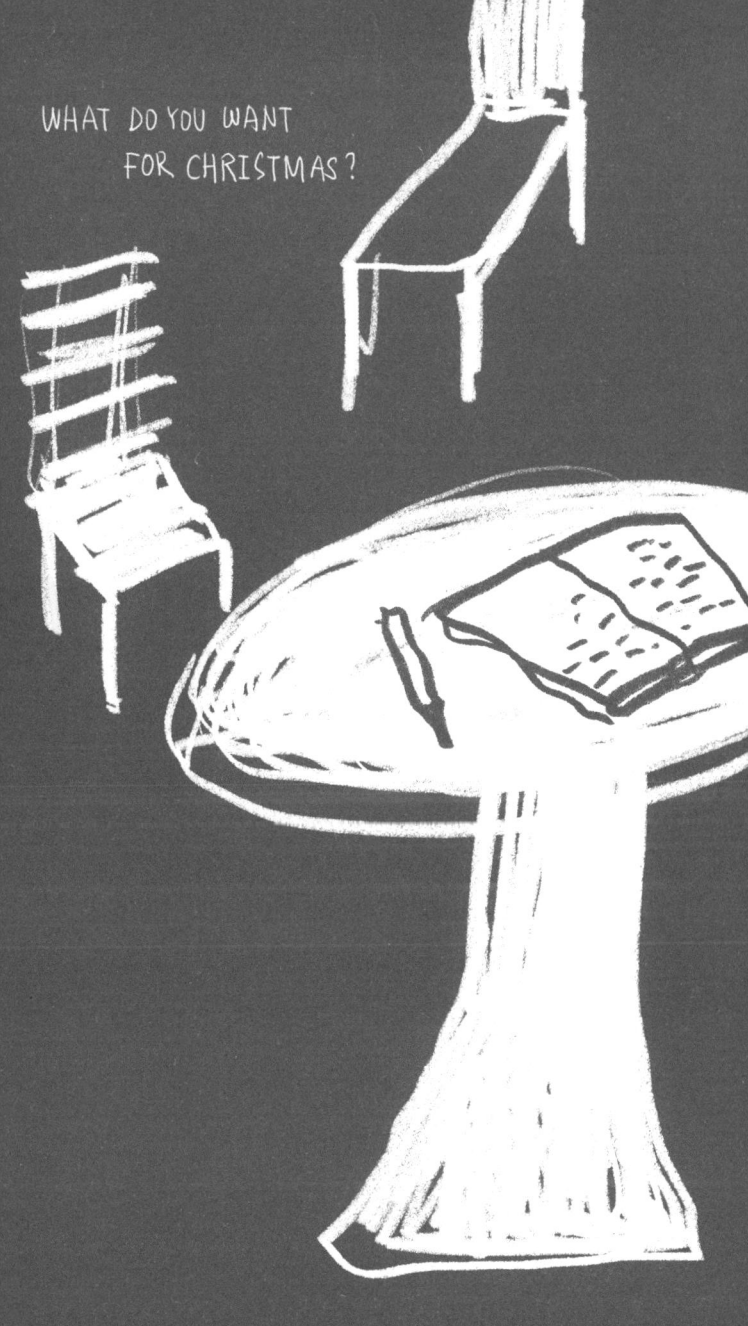

# 우리에게 가장 필요한 것

우리는 이 여정의 시작에서 잠시 멈춰 서서 자신에게 물었다. '만약 지금 당신의 삶에서 가장 필요한 것을 받을 수 있다면, 그것은 무엇인가?' 처음에는 각자 다른 답이 떠올랐을 것이다. 그러나 여정의 끝에 선 지금, 당신의 마음속에 예수님이 오신 의미에 대한 새로운 깨달음이 있기를 바란다. 예수님이 이 땅에 오심으로써 하나님이 우리의 가장 절실한 필요를 채우시고, 우리의 궁극적인 소망을 이루어 주시기를 얼마나 원하시는지가 드러났다.

예수님은 단순히 우리가 성탄절에 선물을 주고받게 하시려고 이 땅에 오신 것이 아니다. 세상을 창조하신 하나님이 예수님 안에서 우리에게 오셨다. 그리고 오셔서 영원히 우리를 섬기시고, 우리 죄를 용서하시며, 우리 영혼을 만족시키겠다고 약속하셨다. 예수님이 이 땅에 오셨다고 말할 때 우리는 이 놀라운 진리를 선포하는 것이다. '예수님은 육신을 입은 하나님이시다. 그분은 우리가 살아가는 모든 순간, 우리가 필요로 하는 모든 방식으로 지금도 우리를 섬기신다.'

인생을 살아가다 보면 누구나 크고 작은 어려움을 만난다. 그리고 어느 순간에는 그 아픔이 더욱 선명하게 느껴지기도 한다. 하지만 어떤 어려움이 우리를 찾아와도, 예수님은 그 상황 속에서 우리가 가장 절실히 필요로 하는 것을 주신다.

**두려움과 막막함 속에서 길을 잃을 때, 예수님은 자유와 피난처가 되어 주신다.**
시편 46:1-3

걱정과 염려로 마음이 짓눌릴 때,
예수님은 확신과 평안을 주신다.
빌립보서 4:5-7


우울과 절망으로 무너질 때,
예수님은 믿음과 소망을 주신다.
로마서 5:1-5


외로움과 연약함으로 지쳐 있을 때,
예수님은 그분의 임재와 능력으로 우리를 붙드신다.
빌립보서 4:13, 19


슬픔과 애통 속에서 눈물을 흘릴 때,
예수님은 위로와 기쁨을 주신다.
고린도후서 1:3 11


교만과 이기심에 빠질 때,
예수님은 겸손과 자기희생의 길로 우리를 이끄신다.
빌립보서 2:1-11


죄책감과 죄의 무게에 짓눌릴 때,
예수님은 용서와 회복의 손을 내미신다.
로마서 8:1-39

우리가 죄에서 돌이켜 우리 삶을 예수님에게 맡길 때, 그분은 지혜와 친절, 치유와 용기, 우리가 필요로 하는 모든 것을 아낌없이 나누어 주신다. 결국 이것이 핵심이다. 인생이 던지는 어떤 고난 앞에서도, 우리가 지나야 하는 어떤 계절 속에서도 예수님은 변함없이 이렇게 말씀하신다. "내가 너를 위해, 지금 여기에 있단다."

그리고 언젠가, 우리는 마지막 숨을 내쉴 것이다. 그날이 오늘일 수도, 아주 먼 훗날일 수도 있다. 언제인지는 아무도 모른다. 그러나 한 가지는 분명하다. 우리가 예수님을 구원자요, 주님으로 믿는다면, 우

리의 숨이 멈추는 그 순간, 죽음을 정복하신 예수님이 우리 곁에 계실 것이다. 그분은 우리를 손으로 붙드시고, 자신과 함께하는 영원한 생명으로 인도하실 것이다.

예수님이 이 땅에 오신 일을 기념하는 성탄절이 다가오면 나는 이런 고민에 마음을 쏟는다. 가족과 친구들이 어떤 선물을 좋아할지, 어떻게 하면 그들이 좋아할 만한 것을 찾아서 건넬 수 있을지를 생각하느라 솔직히 말하자면, 이것이 때로는 작은 스트레스가 된다.

    그런데 내게는 그런 고민을 잊게 만드는, 진짜 평강을 주는 선물이 있다. 성탄절뿐 아니라 내 인생 전체에 형언할 수 없는 평안을 가져다주는 선물. 그것은 바로 만물을 창조하시고 지금도 붙드시는 하나님이 모든 면에서 나에게 헌신하신다는 사실이다. 그리고 이것은 나만의 이야기가 아니다. 여러분이 그분을 주님이자 구원자로 영접한다면, 그분은 여러분에게도 같은 약속을 하실 것이다.

이깃이 바로 예수님이 이 땅에 오신 이유이기 때문이다. 여러분과 함께하시고, 여러분 대신 죽으시고, 여러분이 어떻게 살아야 할지를 보여 주시고, 마침내 여러분의 종이 되시기 위해.

그러니 오늘 예수님이 여러분을 위해 오셔서 하시려던 모든 일을 그분이 하시도록 마음을 열자. 자신의 고집을 내려놓고, 죄와 자아에서 돌이켜, 예수님이 각각 모두에게 가장 필요한 것을 주실 것을 신뢰하자. 오늘 하루만이 아니라 일 년 내내, 그리고 영원히.

Epilogue

우리에게 가장 필요한 것

## 예수님 책
그가 오신 이유

2025년 12월 8일 초판 1쇄 발행
2026년  1월 8일 초판 2쇄 발행

**지은이**　데이비드 플랫
**옮긴이**　강동현
**펴낸이**　고태석
**디자인**　YEONJIN
**일러스트**　YEONJIN
**편집**　프롬와이
**펴낸곳**　구름이 머무는 동안

**출판등록** 2021년 6월 4일 제2022-000183호
**이메일**　cloud_stays@naver.com
**인스타그램**　@cloudstays_books

**ISBN**　979-11-995981-8-8 (03230)

- 이 책은 신저작권법에 의하여 보호받는 저작물이므로 무단 전재와 복제를 금합니다.
- 이 책의 전부 또는 일부를 이용하려면 반드시 구름이 머무는 동안의
  서면 동의를 받아야 합니다.
- 파손된 책은 구입하신 곳에서 교환해 드립니다.